Extrait du *Journal officiel* de la République française
du 13 Mars 1894.

DISCOURS

PRONONCÉ PAR

M. RENÉ GOBLET

DÉPUTÉ DE LA SEINE

SÉANCE DE LA CHAMBRE DES DÉPUTÉS
Du Lundi 12 Mars 1894.

REVISION DES LOIS CONSTITUTIONNELLES

PARIS
IMPRIMERIE DES JOURNAUX OFFICIELS
31, QUAI VOLTAIRE, 31

1894

Extrait du *Journal officiel* de la République française
Du 13 Mars 1894.

DISCOURS

PRONONCÉ PAR

M. RENÉ GOBLET

DÉPUTÉ DE LA SEINE

SÉANCE DE LA CHAMBRE DES DÉPUTÉS
Du Lundi 12 Mars 1894.

M. René Goblet. Messieurs, c'est le sort de toutes les questions non résolues ou qui n'ont reçu qu'une solution fausse ou insuffisante, qu'elles s'imposent périodiquement à l'attention publique, et c'est pourquoi vous ne pouviez échapper à un nouvel examen de la question de la revision. Je sais très bien qu'on nous objecte et qu'on nous objectera encore que cette question ne paraît pas avoir figuré dans la majorité des programmes électoraux.

Nous ne sommes pas encore très exactement renseignés à cet égard, puisque l'honorable M. Barodet n'a pas terminé le travail de classement que la Chambre a l'habitude de lui confier au début de chaque législature. Mais il n'en est pas moins vrai que depuis 1875 la revision a été demandée à diverses reprises par un grand nombre de candidats, et qu'elle l'a été encore aux élections dernières. Voulez-vous que cette fois le nombre des voix en faveur de la revision ait été moins grand? ce n'est certainement pas parce que le pays a reçu satisfaction sur ce point, mais plutôt parce qu'il se lasserait de réclamer une solution qu'il désespère d'obtenir.

Dans ce cas, je vous demande si ce n'est pas à nous qu'il appartiendrait de suppléer à un silence ainsi motivé ? (*Très bien! très bien! sur divers bancs à gauche.*)

Messieurs, si nous attendions pour voter des réformes qu'elles figurent dans la majorité des programmes, vous n'en feriez aucune, car je n'en connais guère qui se présente dans ces conditions.

Quoi qu'il en soit, nous sommes un grand nombre de députés qui avons réclamé la revision lors des élections dernières; nous l'avons réclamée devant les électeurs et, fidèles à nos engagements, nous la réclamons devant la Chambre. (*Très bien! très bien! sur divers bancs.*)

La question n'est pas de savoir si nous aboutirons cette fois ou dans une autre occasion : nous avons pris un engagement, nous le tenons. L'honorable M. Bourgeois a pris les devants. Il a, dès le début de la présente législature, déposé une proposition sur laquelle la 1re commission d'initiative s'est prononcée à une très petite majorité, 2 ou 3 voix, si je ne me trompe, contre la prise en considération. C'est une proposition de revision limitée. Je sais que l'honorable M. Naquet doit en présenter une qui a un autre caractère. Quant à celle que j'ai déposée, elle émane d'un grand nombre de nos collègues de la gauche, qui ont bien voulu joindre leurs signatures à la mienne, ce qui me permettra, je l'espère, d'obtenir un peu de votre bienveillante attention.

Ce débat, en effet, qui ne pouvait être évité, doit être complet. Le Gouvernement en est tombé d'accord avec nous; rien, absolument rien ne s'y oppose. Nous avons laissé passer devant les discussions d'intérêt matériel; les débats sur les blés et sur les vins ont occupé de longues séances, et il n'a pas dépendu de nous, vous le reconnaîtrez, que la discussion non moins importante sur l'assainissement des eaux de la Seine ne reprît son cours aujourd'hui.

M. Gauthier (de Clagny). On attend pour la reprendre la fin de l'épidémie de fièvre typhoïde. (*Bruit.*)

M. René Goblet. Mais après que vous avez consacré, très légitimement, tant de temps à ces questions d'affaires, je pense que, aujourd'hui, vous voudrez bien écouter un débat d'ordre politique où d'ailleurs — je m'empresse de le déclarer — la question ministérielle n'est pas engagée. (*Mouvements divers.*)

Messieurs, je n'ai pas la prétention d'examiner toutes les questions de forme ou de fond que ce débat peut soulever; je sais que de nombreux orateurs sont inscrits après moi; je voudrais l'amorcer en quelque sorte, en exposant d'une façon générale les raisons principales qui nous font penser, à mes amis et à moi, que la revision de la Constitution est nécessaire et que le moment de la faire est venu. (*Très bien! très bien! sur divers bancs à gauche.*)

Nous n'avons évidemment rien à dire à ceux qui pensent que, dans notre état social actuel et après nos révolutions successives, la République, telle que nous l'avons, est encore la seule possible, sinon la meilleure des monarchies; que les institutions de l'un et de l'autre régime, à part l'hérédité du pouvoir exécutif, peuvent être sensiblement les mêmes et que, par conséquent, on peut s'accommoder de la Constitution actuelle. Nous estimons, nous, au contraire, que la République et la monarchie sont deux régimes essentiellement différents (*Très bien! très bien! à gauche*), parce que la République n'est plus le gouvernement d'une dynastie ou d'une classe, mais le gouvernement de la nation tout entière, c'est-à-dire de la démocratie. (*Très bien! très bien! sur les mêmes bancs.*) La République est le gouvernement du pays par lui-même; c'est la seule façon de le réaliser véritablement; je crois qu'on n'en peut pas donner une meilleure définition. (*C'est vrai! — Très bien!*)

S'il en est ainsi, croyez-vous qu'il suffise de

reconnaître à l'ensemble des citoyens le droit de nommer librement leurs représentants ? Non, messieurs. Encore faut-il donner aux citoyens et à leurs représentants la volonté et le pouvoir de se gouverner eux-mêmes, c'est-à-dire de gérer eux-mêmes, ou par représentation, leurs affaires, les affaires d'intérêt général comme celles d'intérêt local, et de donner l'impulsion au Gouvernement au lieu de l'attendre de lui. (*Très bien! très bien! sur plusieurs bancs à gauche.*)

Et si tel est l'objectif à réaliser, n'est-il pas vrai que le caractère de la Constitution importe au plus haut point ?

Je sais qu'il y a des sages qui disent que peu importent les Constitutions; que même de la plus médiocre on peut faire un bon usage pourvu qu'on sache s'en servir.

Je comprendrais ce langage pour un peuple depuis longtemps accoutumé à la pratique de la liberté, comme le sont nos voisins les Anglais, par exemple. Oui! alors j'admets que les mœurs puissent influer sur la Constitution et, peu à peu, insensiblement, la modifier pour l'accommoder aux besoins nouveaux. Mais quand il s'agit d'une nation comme la nôtre, à peine sortie de tant de siècles de monarchie, qui au cours même de ce siècle a tant de fois oscillé entre la royauté plus ou moins libérale, l'empire et la République, quand il s'agit d'accoutumer aux mœurs de la liberté et les générations anciennes, qui l'ont à peine connue, et les nouvelles générations, qui n'y sont pas préparées par l'instinct, par l'héritage en quelque sorte, je dis qu'au contraire, alors, il n'est pas possible de nier que les institutions aient une influence considérable sur les mœurs publiques. (*Très bien! très bien! sur divers bancs à gauche.*)

Libre à tels de nos jeunes et distingués collègues de dire que ce sont là des idées creuses. Ils ajoutent qu'ils sont d'une école nouvelle — cela est vrai. Je leur demande la permission d'en rester à l'ancienne école, qui, en effet, se préoccupait un peu plus des principes. Quant à nous, à nos yeux, il ne s'agit pas seulement, pour avoir la République, de faire de la monarchie un régime électif et à temps (*Très bien! à l'extrême gauche*), mais il s'agit de substituer à un pouvoir exécutif ayant une action propre et indépendante, un pouvoir exécutif subordonné et, à des Assemblées simplement de législation et de contrôle, une représentation nationale qui ne légifère pas seulement, mais qui dirige. (*Applaudissements à l'extrême gauche. — Interruptions.*)

Et si tel est véritablement le caractère d'une Constitution républicaine, nous serons d'accord, n'est-il pas vrai? pour reconnaître que la Constitution de 1875 est bien loin de le réaliser.

Messieurs, l'histoire de la genèse de cette Constitution est encore trop près de nous pour que j'aie besoin d'y insister. J'ai dit dans mon exposé des motifs que la Constitution de 1875 n'avait été qu'une transaction entre l'orléanisme et la République.

Nous sommes encore dans cette Chambre un certain nombre, un petit nombre qui va tous les jours en diminuant, de survivants de cette époque, et nous nous souvenons parfaitement des négociations, pour ne pas dire des compromissions, à l'aide desquelles on est parvenu à faire voter cette Constitution, à une voix de majorité, par une Assemblée en très grande partie monarchiste. Ce jour-là, le parti républicain a cru qu'il avait fondé la République parce qu'il en avait consacré le nom. Que s'était-il passé en réalité?

Tandis que les monarchistes intransigeants de l'extrême droite, qui avaient énergiquement repoussé la Constitution, ne dédaignaient pas d'y entrer ensuite à titre de sénateurs inamovibles, les orléanistes du centre droit acceptaient provisoirement le nom en se disant qu'ils sauvaient la chose, c'est-à-dire les institutions qui leur étaient le plus précieuses, et qu'ils sauraient bien trouver le moyen de rétablir un jour la monarchie.

M. Adrien Lannes de Montebello. Mais ils ne l'ont pas trouvé.

A gauche. Et le 16 Mai! (*Bruit.*)

M. René Goblet. De leur côté, les républicains, après avoir mis le nom hors de conteste, s'étaient bien promis de profiter de la première occasion pour conquérir la réalité lorsque l'opinion, qui se prononçait de plus en plus en leur faveur, leur aurait donné la majorité.

Je le demande, qui a le plus gagné à ce

marché de 1875? Les orléanistes (*Réclamations à droite. — Marques d'assentiment à l'extrême gauche et sur divers bancs à gauche*), les membres du centre droit, les conservateurs. Remarquez-le, en effet, ce n'est jamais de leurs rangs que sont venues les propositions de revision.

M. Adrien Lannes de Montebello. Mais si! Tous les monarchistes demandent la revision de la Constitution.

M. René Goblet. Ils l'ont demandée avec les boulangistes. Je parle du centre droit et des anciens orléanistes.

M. Bourgoin. Ils sont morts. (*On rit.*)

M. Pierre Richard. Non, ils sont ministres.

M. René Goblet. Ils ont ressuscité sous d'autres espèces, celles des ralliés et des républicains modérés. (*Très bien! très bien! sur divers bancs à gauche. — Interruptions.*)

Je disais que jamais les demandes de revision n'étaient venues des anciens orléanistes. Quelques-uns d'entre eux s'y sont joints sous le boulangisme, mais vous savez qu'à ce moment la revision était un drapeau sous lequel étaient venus s'enrégimenter des partisans d'origines et d'opinions fort diverses.

Jamais la revision n'a été demandée sincèrement, pour elle-même, que par les anciens bonapartistes, partisans de l'appel au peuple, et par les républicains fidèles aux principes, qui veulent faire de la République une réalité. Quant aux anciens orléanistes, ils seraient bien ingrats si la

Constitution actuelle ne les satisfaisait pas pleinement. Je leur demande en quoi, en effet, elle se différencie sérieusement de la Charte de 1830.

C'est toujours ce même système de poids et de contre-poids, de pouvoirs se balançant, se faisant équilibre, sur lesquels reposait l'édifice de la monarchie constitutionnelle. A part le suffrage universel que personne n'imagine, je pense, de détruire, et dont il aurait bien fallu que la monarchie s'accommodât si elle était revenue, qu'y a-t-il en réalité de changé ?

Nous avons toujours les deux Chambres : la Chambre haute...

M. le comte de Kergariou. Dont vous avez fait partie ! (*On rit.*)

M. René Goblet. ... mais d'où je suis sorti pour venir demander la revision de la Constitution. (*Rires et applaudissements sur plusieurs bancs à gauche.*)

Nous avons toujours la Chambre haute, non plus nommée par le roi, mais élue par un suffrage restreint qui offre les mêmes garanties.....

M. le comte de Wignacourt. Quand vous vous êtes présenté au Sénat, vous l'avez trouvé très bon, le suffrage restreint ! (*Bruit.*)

M. René Goblet. Mais, mon cher collègue qui m'interrompez et que je ne connais pas, vous verrez tout à l'heure que je ne demande pas la suppression du Sénat, et, d'ailleurs, en politique, pour arriver au but que l'on poursuit, il faut bien se servir des armes qu'on a à sa disposition.

Je suis entré au Sénat alors que par beaucoup de vos amis les portes de la Chambre m'avaient été un moment fermées. Cela ne m'a pas empêché de revenir à la Chambre en faisant appel au suffrage universel le jour où j'en ai trouvé l'occasion.

M. Emile Néron. Voilà de l'opportunisme, ou je ne m'y connais pas. (*Rumeurs à l'extrême gauche. — Rires à gauche et au centre.*)

A l'extrême gauche. C'est vous qui êtes un opportuniste!

M. Emile Néron. Je ne suis ni opportuniste ni socialiste. Je suis au centre, où d'ailleurs je me trouve fort bien.

M. le président. Messieurs, ne faites pas dévier le débat.

M. René Goblet. Je reprends mon argumentation.

Je dis que nous avons toujours la Chambre haute; qu'elle n'est plus nommée, il est vrai, par le pouvoir exécutif, mais qu'elle est nommée par un suffrage restreint qui offre les mêmes garanties aux intérêts conservateurs et la même force de résistance aux revendications populaires. Nous avons un chef du pouvoir exécutif élu comme le roi l'avait été plus ou moins régulièrement, en 1830, par les représentants du peuple, élu sans doute non plus à titre héréditaire ni même viager. Mais vous savez bien que dans notre pays, depuis le commencement de ce siècle, la monarchie constitutionnelle n'a pas vécu plus de quinze à dix-huit ans; et quand vous aurez, à la fin de cette année, renommé pour sept ans le Président en exercice, je vous demande quelle différence il y aura sous ce rapport avec la royauté constitutionnelle. (*Applaudissements à l'extrême gauche.*)

Y en a-t-il davantage sous le rapport des attributions? Elles sont les mêmes; ce sont toutes celles de la royauté constitutionnelle. Aussi le résultat est-il semblable.

Vous vous rappelez la formule de la monarchie constitutionnelle suivant M. Thiers : « Le roi règne et ne gouverne pas. » C'était la théorie, mais la pratique était fort différente, et, à raison précisément des pouvoirs que lui donnait la Charte et de l'influence prépondérante qui en résultait, c'était le roi qui gouvernait en réalité. Or je dis qu'avec les attributions que la Constitution de 1875 donne au Président de la République, la tentation est la même (*Très bien! et applaudissements à l'extrême gauche*), et qu'on n'y échappe pas davantage sous le régime actuel.

Je sais toute la réserve qui m'est imposée vis-à-vis de celui qu'on appelle parfois assez improprement le chef de l'Etat et qui est — et je trouve le titre assez glorieux ainsi — le premier magistrat de la République. Mais je ne manque certainement pas au respect qui est dû à la fonction et à la personne en disant que, par le vice même des institutions comme par l'effet des circonstances, le pouvoir présidentiel s'est trouvé plus d'une fois conduit à exercer une action personnelle difficilement conciliable avec les principes d'un Etat républicain.

M. Adrien Lannes de Montebello. Où avez-vous vu cela ?

Un membre à l'extrême gauche. Et l'affaire Wilson ?

M. André Lebon. C'était à l'époque où M. Goblet était ministre et couvrait les actes de la présidence.

M. René Goblet. Ayez l'obligeance, monsieur Lebon, de vous expliquer clairement.

M. André Lebon. Je dis qu'à une certaine époque il y a eu des actes personnels à l'Elysée, et qu'alors, étant président du conseil, vous en étiez responsable. (*Très bien! très bien! au centre.*)

M. René Goblet. Quels actes ?

M. Avez. Ces messieurs usent toujours du même procédé : ils portent des accusations contre tout le monde et ils ne veulent pas les préciser.

M. André Lebon. Je répondais, monsieur Goblet, à une interruption qui est partie du banc de vos amis et qui reprochait aux miens leur attitude vis-à-vis de M. Wilson. J'ai dit que quand les faits reprochés à M. Wilson se sont passés à l'Elysée, vous étiez au ministère.

M. le président. Voilà l'effet des interruptions : elles dégénèrent toujours en personnalités.

Veuillez, messieurs, laisser continuer l'orateur. (*Très bien! très bien!*)

M. René Goblet. Je crois que M. Lebon n'avait pas suffisamment mûri son interruption, car il ne lui est pas possible de la justifier.

J'ai quitté la présidence du conseil au mois de mai 1887, et les faits reprochés à M. Wilson ne se sont révélés que sous le ministère suivant.

M. Maurice Rouvier. Ce qui s'est produit sous le ministère suivant, c'est la poursuite, ce ne sont pas les actes. (*Très bien! très bien! sur divers bancs. — Bruit à l'extrême gauche.*)

(*M. Goussot prononce quelques mots qui se perdent dans le bruit.*)

M. Maurice Rouvier. Je prends la responsabilité de mes actes, monsieur; nous discuterons quand vous voudrez. (*Bruit.*)

M. Goussot. Non, vous ne portez pas cette responsabilité.

M. le président. Monsieur Goussot, vous allez m'obliger à vous rappeler à l'ordre.

Revenons, messieurs, je vous en prie, à la question. Si vous avez d'autres discussions à proposer, vous en demanderez la mise à l'ordre du jour, mais ne faites pas dégénérer le débat en personnalités.

M. René Goblet. Ce n'est pas de personnalités que, pour ma part, je veux entretenir la Chambre. Je n'en fais jamais.

J'exposais que, dans plus d'une circonstance, le pouvoir présidentiel avait été conduit à exercer une action personnelle, et j'avais déjà eu l'occasion de le dire ici, à propos de cette entente diplomatique qu'on a voulu faire résulter d'un échange de télégrammes où ne figurait aucun contre-seing ministériel (*Exclamations sur divers bancs à gauche et au centre*), et à laquelle le Parlement n'a été associé en aucune façon ; si bien que maintenant encore nous ignorons où nous en sommes à cet égard. Nous avons pu deviner, à certaines paroles de M. le président du conseil, lors de la discussion sur les blés, quelles précautions le souci de ménager cette entente nous impose. (*Rumeurs sur les mêmes bancs.*)

A l'extrême gauche. Parlez ! parlez !

M. Pierre Richard. Est-ce qu'on ne parle pas de ces choses à l'étranger? on peut bien en parler ici... (*Bruit.*) Qu'est-ce que la Chambre, alors?

M. René Goblet. Si la tribune n'était pas libre pour toutes les discussions, à la condition qu'elles se poursuivent avec la mesure nécessaire, je ne lui ferais pas l'injure d'y rester dans de pareilles conditions. J'ai le droit de dire ce que je dis, j'ai le droit de dire qu'à l'heure qu'il est, nous ignorons où nous en sommes et que, si nous savons bien quelles précautions nous consentons, nous ne savons pas quelles garanties nous sont assurées en échange. (*Applaudissements sur divers bancs à gauche.*)

Il y a plus, messieurs. Nous ne pouvons cependant pas avoir l'air d'ignorer des incidents qui ont inquiété le pays tout entier. Si nous en croyons certaines révélations récentes, il semble que le Gouvernement ne serait pas beaucoup plus avancé que nous. Il faudrait, pour comparer ce qui se passe dans notre diplomatie, remonter non plus même à la monarchie constitutionnelle comme je le faisais tout à l'heure, mais à l'ancien régime. Et ces questions si graves, dans lesquelles nos plus grands intérêts sont engagés et dont on tient le Parlement systématiquement à l'écart, seraient aujourd'hui le secret du Président! Je crois qu'on ne peut pas appeler un pareil régime le gouvernement du pays par le pays. (*Applaudissements sur les mêmes bancs.*)

J'ajoute qu'il en est de même au point de vue intérieur, et — je le répète aujourd'hui, parce que cela est intimement lié à la question de la revision constitutionnelle — je n'étonnerai personne en disant que, parmi les combinaisons ministérielles qui se sont succédé dans ces dernières années, il en est certainement qui ont paru résulter d'un choix personnel beaucoup plus que de la désignation de la Chambre; Si bien qu'on pourrait dire en France, comme on le faisait l'autre jour en Angleterre, que les ministres choisis sont les ministres agréables à la cour bien plutôt que ceux qui seraient agréables au peuple. (*Mouvements divers.*)

M. Villiers. Parce que vous ne l'êtes pas! (*Exclamations à l'extrême gauche.*)

M. René Goblet. Mon cher collègue, que je ne connais pas — je fais ainsi beaucoup de connaissances depuis que je suis à la tribune — je serais bien aise, puisque

vous m'interrompez ainsi, que nous vidions tout de suite cette question personnelle.

M. Villiers. Ce n'est pas une question personnelle.

A gauche, ironiquement. Au contraire !

M. René Goblet. Je la prends comme telle et je m'empresse de vous dire que vous vous trompez absolument. Vous croyez que j'ai envie d'être ministre ? (*Rires au centre et à gauche.*)

M. Leydet. Ils en ont tous envie.

M. René Goblet. Ce serait mon droit, n'est-il pas vrai ?

M. Charles Ferry. Vous avez assez de talent pour cela.

M. René Goblet. L'honorable M. Ferry qui paraît s'amuser beaucoup de cette supposition ne saurait me le contester. (*Interruptions.*)

Messieurs, ne jugez pas toujours les autres par vous-mêmes. Je vous assure que j'ai été assez de fois ministre pour ma satisfaction personnelle. (*Très bien ! très bien ! à gauche.*)

M. René Gauthier. Vous pensez qu'on peut être récidiviste dans ce cas-là, sans être jamais relégué. (*Bruit.*)

M. Pajot. Le seul rouage monarchique qui nous ait été enlevé, c'est la nomination des maires.

M. Pierre Richard. Dans tous les cas, on n'a jamais jasé sur la probité de M. Goblet.

M. le président. Si chacun fait sa réflexion, nous en avons pour longtemps. (*On rit.*)

M. Pierre Richard. J'avais le droit de faire cette observation.

M. le président. Laissez parler M. Goblet ; il est capable de se défendre ; il n'a pas besoin de vous.

M. Dauzon. On fait un bruit systématique au centre.

M. le président. Ce qui est systématique chez moi, c'est le désir de faire écouter l'orateur.

M. Dauzon. J'en suis persuadé, monsieur le président.

M. Faberot. Il faut écouter la vérité sans se plaindre. (*Bruit.*)

M. le président. Rentrons dans le calme, messieurs.

M. René Goblet. J'ajoute, pour les jeunes qui seraient pressés, qu'être ministre pour ne pouvoir à peu près rien faire de ce qu'on croit utile et nécessaire n'est pas fort enviable. (*Très bien ! très bien ! à gauche.*)

M. Modeste Leroy. Pourquoi n'avez-vous pas fait la revision quand vous étiez ministre ?

M. René Goblet. Croyez-vous, d'autre part, que j'aie le désir de voir le ministère qui est sur ces bancs remplacé par un autre ?

Vous avez l'air de le croire.

M. Villiers. On le dit !

M. René Goblet. Eh bien ! vous vous trompez encore. J'aime mieux avoir en face de moi un ministère qui s'oriente très ouvertement vers la droite qu'un ministère de concentration louche et équivoque, comme nous n'en avons que trop connu. Voilà ce que je voulais vous répondre. (*Applaudissements à gauche. — Interruptions au centre.*)

M. Maurice Lasserre. Chacun fait ici son *meâ culpâ.*

M. René Goblet. Et je ne fais que répéter, en cela, ce que je disais au début même de la législature. (*Bruit.*)

Mais vous me détournez beaucoup de ma voie; je vous demande pardon de m'en laisser écarter; vous reconnaîtrez que ce n'est pas ma faute.

Je disais donc qu'au point de vue intérieur comme au point de vue extérieur on sentait les effets de la prépondérance qu'assure au pouvoir exécutif la Constitution elle-même. Comment en serait-il autrement? N'est-ce pas la conséquence forcée de ces attributions quasi monarchiques que la Constitution a données au Président de la République?

Comment! voilà un président nommé par les deux Chambres, et le lendemain du jour où il a reçu d'elles son investiture, il devient leur égal, il leur devient même supérieur. En effet, ce président peut, avec le consentement du Sénat, il est vrai (*Ah! ah! au centre*) — je connais la Constitution, puisque je la critique — ce président peut dissoudre la Chambre des députés. Cela ne vous étonne pas, messieurs?

Un membre. Non.

M. René Goblet. Non? Eh bien! permettez-moi de vous rappeler que j'ai connu à l'Assemblée nationale un jurisconsulte éminent, un homme d'un esprit fort modéré, qui est mort procureur général à la cour de cassation — j'ai nommé M. Bertauld — qui refusait absolument ce droit de dissolution aux présidents à venir. Il l'accordait une première fois seulement au maréchal de Mac Mahon, pendant sa présidence, et à titre exceptionnel; mais il refusait de le concéder aux présidents à venir.

M. Dejean. En 1877, le Président de la République, enfermé dans la Constitution de 1875 par Gambetta, a été obligé de se soumettre, et bientôt après, de se démettre. (*Très bien! très bien! au centre et sur divers bancs à gauche. — Bruit à l'extrême gauche.*)

M. Leydet. Ce n'est pas la Constitution qui a fait cela, ce sont les élections! (*Bruit.*)

M. René Goblet. Cela ne prouve pas... (*Interruptions.*)

M. le président. Mais, messieurs, écoutez donc l'orateur sans l'interrompre.

M. René Goblet. Je répète que cela ne prouve pas... (*Nouvelles interruptions.*) Vous me rendez ma tâche bien difficile.

M. le président. Messieurs, l'orateur ne peut pas continuer dans ces conditions. Il n'y a pas de force qui puisse résister à cette diversion perpétuelle.

J'invite toute la Chambre au silence. Elle a voulu qu'on discute: il faut écouter maintenant. (*Très bien! très bien!*)

M. René Goblet. L'observation de l'honorable M. Dejean ne prouve pas que l'opinion émise par M. Bertauld en 1885 n'était pas absolument vraie et juridique, à savoir que le droit de dissolution — ce sont ses expressions mêmes que je cite — est un droit régalien, radicalement incompatible avec le principe républicain.

M. Dejean. C'est possible ; mais... (*Exclamations.*)

M. le président. Monsieur Dejean, je serai obligé de vous rappeler à l'ordre si vous continuez à interrompre.

M. René Goblet. Non seulement le Président de la République est armé de ce droit de dissolution, mais vous savez que, à part la période réglementaire qui nous est assurée par la Constitution, il a le droit de convoquer et d'ajourner les Chambres à son gré; si bien que, dans la circonstance mémorable à laquelle je faisais allusion tout à l'heure, l'on a été réduit, en l'absence des Chambres, à faire représenter je ne dis pas le premier pouvoir de l'Etat, parce que je veux rester constitutionnel, mais le principal pouvoir de l'Etat, la Chambre issue du suffrage universel, par un bureau qui n'existait plus. (*Très bien! très bien! sur divers bancs à gauche.*)

Je dis que quand le pouvoir exécutif peut en user ainsi avec la représentation nationale, en réalité il n'y a plus véritablement de représentation nationale. (*Applaudissements à gauche.*)

Etonnez-vous, après cela, que lorsque dans une de nos grandes administrations des abus graves sont signalés, si la Chambre veut exercer son droit de contrôle, on considère son intervention comme un empiètement et une usurpation! (*Très bien! très bien! sur les mêmes bancs.*)

Nous avons vu cela, messieurs, il n'y a pas longtemps; nous avons vu un des membres les plus considérables de cette Assemblée, un ancien président du conseil, notre ancien président, déclarer à cette tribune qu'il lui avait fallu pendant plus d'une heure batailler — c'était son expression — avec un ministre pour savoir dans quelle mesure il pourrait exercer son droit. (*Mouvements divers.*)

Eh quoi! notre droit dépend donc du bon vouloir des ministres? Il existe donc dans ce pays un pouvoir exécutif indépendant de la représentation nationale? J'atteste, pour ma part, qu'une pareille conception des rapports du pouvoir exécutif avec le Parlement ne saurait être considérée comme une conception républicaine. (*Très bien! très bien! sur divers bancs à gauche. — Bruit.*)

M. René Gautier. A quel incident faites-vous allusion? Nous ne connaissons pas cette histoire.

M. René Goblet. Si maintenant je passe au Sénat, à la Chambre haute, mon argumentation sera plus rapide, si vous voulez bien ne pas l'interrompre; elle ne sera pas moins concluante.

Je ne discute pas l'existence du Sénat, pas plus que ne l'a fait M. Bourgeois. Le Sénat existe, et je ne crois pas qu'il soit possible de le supprimer sans son consentement, que je n'espère pas obtenir. (*On rit.*) En conséquence, j'accepte l'institution elle-même. Mais vous admettrez bien qu'il est légitime de discuter les origines électorales du Sénat et ses attributions; et, s'il est inutile de discuter en ce moment son mode d'élection, puisqu'il ne dépend plus de la Constitution, au moins me sera-t-il permis de discuter l'étendue de ses attributions, ce qui est pour moi la question principale et la plus délicate.

Ce qui est certain, c'est que le Sénat, bien qu'issu d'un suffrage restreint, qui a été, il est vrai, un peu élargi dans ces dernières années, a des attributions égales à celles de la Chambre et qui lui permettent de tenir en échec l'Assemblée qui représente le suffrage universel. (*Très bien! très bien! sur divers bancs à gauche.*)

C'est pour cela que Gambetta, qui avait été l'un des promoteurs de la Constitution de 1875, qui avait exercé l'influence la plus puissante sur nous, républicains, pour nous la faire accepter, sauf à la reviser plus tard, c'est pour cela que Gambetta, parvenu au pouvoir en 1881, s'empressait de demander la revision, et pourquoi ? Il le disait en ces termes, que je rappelle : « Afin de mettre un des pouvoirs essentiels du pays en harmonie plus complète avec la nature démocratique de notre société. »

Quelques années après, Gambetta ayant échoué, M. Jules Ferry reprenait la question de la revision, et vous savez que, bien qu'il n'eût pris cette initiative qu'afin d'en atténuer la portée, il avait cependant compris l'indispensable nécessité de profiter au moins de cette occasion pour faire déterminer les droits financiers du Sénat par rapport à ceux de la Chambre. M. Jules Ferry n'y a pas réussi, par suite de l'opposition du Sénat, et vous vous rappelez que, n'ayant pu faire accepter cette partie de son projet, lui-même disait que, dans ces conditions, sa revision était décapitée.

Or, nous en sommes toujours au même point, et c'est pourquoi nous voyons les mêmes difficultés se reproduire chaque année, à la fin de chaque exercice. Cependant, en bonne règle, si vous voulez y réfléchir, le budget ne devrait même pas être porté au Sénat toutes les fois qu'il ne s'agit pas de créer des taxes nouvelles; lorsqu'il ne s'agit que de disposer des ressources existantes, l'emploi à faire de ces ressources devrait appartenir à la Chambre seule, qui tient les cordons de la bourse, par cela même qu'elle est la représentation directe du suffrage universel. (*Applaudissements sur divers bancs à gauche.*)

Messieurs, il en est ainsi chez nos voisins; il n'y a que quelques jours que le speaker, à la Chambre des communes, s'exprimait en ces termes : « Toute intervention de la Chambre haute dans la question de la répartition des impôts est une violation des privilèges de la Chambre basse. » (*Très bien! très bien! sur divers bancs à gauche. — Bruit au centre.*)

Voilà où l'on en est en Angleterre. Et nous, nous sommes toujours, à la fin de chaque année, en conflit avec le Sénat.

M. Récipon. On ne peut pas comparer les deux pays.

M. René Goblet. Mais ce n'est pas seulement en matière budgétaire que nous nous trouvons aux prises avec ces difficultés, vous le savez bien. Depuis quinze ans, combien de lois sont en souffrance, « renvoyées comme une balle » — suivant l'énergique expression de M. Gladstone — d'une Chambre à l'autre sans jamais aboutir? Et quelle est la raison de ces retards? C'est que notre Constitution exige que pour chaque loi, non pas seulement sur le principe de la loi, mais sur chaque disposition, sur le texte lui-même, les deux Chambres se mettent d'accord, ce qui, dans la pratique, devient presque impossible. Cependant, aussi longtemps que cet accord parfait ne s'est pas réalilisé, la loi n'existe pas.

Le Sénat, qu'il le veuille ou non, est un obstacle aux réformes. En voulez-vous des preuves ?

Je citerai, par exemple, la loi à laquelle M. Bovier-Lapierre a attaché son nom. Combien de fois l'avez-vous votée? Le Sénat l'a toujours repoussée. Il a même repoussé encore, tout dernièrement, une rédaction qui lui avait été présentée par le conseil d'Etat sur sa demande et qui semblait répondre à toutes les objections puisqu'elle protégeait le droit des patrons aussi bien que des ouvriers.

Et la loi sur la composition des syndicats professionnels ? Vous savez qu'on en était venu à considérer comme irrégulier qu'un ancien ouvrier ayant abandonné la profession pût faire partie d'un syndicat. Cependant le principe d'une réforme de la loi à ce point de vue avait paru tellement juste, que c'est un ministre, M. Fallières, qui avait pris l'initiative d'un projet modifiant la loi de 1884 dans ce sens. Ce ministre avait même ajouté que, tant que cette modification ne serait pas votée, il ne poursuivrait pas les irrégularités commises.

Ce projet de M. Fallières, vous l'avez voté, mais le Sénat l'a repoussé sans même lui faire l'honneur d'une discussion. Vous le reprenez en ce moment; un de nos collègues l'a repris devant la commission du travail. On a cherché à se mettre d'accord avec le Gouvernement sur une rédaction nouvelle, et on n'y est pas parvenu, je crois; la commission a trouvé une autre formule, une formule transactionnelle, que le Gouvernement acceptera peut-être; mais passera-t-elle au Sénat? J'en doute fort pour ma part, je dois l'avouer.

Faut-il citer d'autres exemples? Prenons la loi sur le travail des femmes et des enfants dans les manufactures : cette loi a passé douze ou quatorze fois, si je ne me trompe, devant les Chambres, et cela depuis bien des années...

M. Charles Ferry. Elle a été votée par le Sénat!

Un membre à l'extrême gauche. Et la loi sur la liberté d'association ?

M. René Goblet. Vous avez voté la journée de dix heures pour les femmes et pour les enfants ; le Sénat, qui précédemment s'était toujours prononcé pour la journée de onze heures, a fait une distinction : il a voté dix heures pour les enfants et onze heures pour les femmes ; si bien que la loi est devenue impraticable et que, depuis deux ans qu'elle est promulguée, elle est restée lettre morte. Or, en ce moment, pendant que la commission du travail de la Chambre est saisie de l'examen de cette loi qu'il a fallu remettre sur le chantier, le Sénat s'en saisit de son côté ; il a même pris les devants et sa commission a décidé de revenir au système de onze heures pour les deux catégories. La discussion est à l'ordre du jour du Sénat, tandis que votre commission du travail, si je suis bien renseigné, rétablit les dix heures, en ajoutant, il est vrai, qu'on aura trois années pour se conformer à ce nouveau règlement. N'est-ce pas encore le conflit imminent à propos de cette loi votée pourtant depuis deux ans ? Elle n'a pu être mise en vigueur à cause des divergences de vues entre le Sénat et la Chambre.

Il en est de même de la loi sur les accidents du travail et de tant d'autres, qu'il me paraît inutile de vous rappeler. Voulez-vous cependant d'autres exemples plus récents ?

Vous avez voté une loi sur les prud'hommes. Vous avez cru pouvoir étendre cette juridiction salutaire aux procès entre employés de commerce et patrons. Le rapport sur cette loi vient d'être déposé au Sénat et il conclut au rejet de cette disposition, pour s'en tenir au décret de 1806. Le décret de 1806 : voilà la limite marquée au progrès par la commission sénatoriale !

Et la loi sur les erreurs judiciaires ? Vous l'avez votée il n'y a pas bien longtemps, d'accord avec l'honorable garde des sceaux, qui n'était pas alors revêtu de ce titre. Mais elle vient d'être considérablement modifiée par le Sénat, sur la proposition du garde des sceaux lui-même, à qui il a suffi d'entrer au Sénat, même comme ministre, pour se sentir pénétré de l'esprit de cette Assemblée au point d'abandonner l'opinion qu'il avait eue comme député. (*Sourires à gauche.*)

Voilà encore une occasion de conflit entre le Sénat et la Chambre.

Je ne voudrais pas multiplier les exemples, cependant il est une réforme capitale qui domine toutes les autres parce que beaucoup d'autres réformes, en effet, en dépendent : je veux parler de la réforme de notre système fiscal par l'application de l'impôt sur le capital et sur le revenu. La ferez-vous ? Je le crois, je l'espère, surtout depuis que nous avons vu — je le rappelle après M. Bourgeois — un de nos collègues, qui appartient plutôt à vos bancs qu'aux nôtres (*L'orateur désigne le centre*), n'est-il pas vrai ? un des esprits les plus modérés de cette Chambre, allant du premier coup jusqu'où certains d'entre nous n'avaient pas osé aller jusqu'ici, se prononcer pour l'impôt progressif !

Vous ne voterez peut-être pas l'impôt progressif, mais vous voterez au moins l'impôt sur le revenu, je l'espère fermement. Si cette Chambre fait une réforme, c'est celle-là qu'elle fera, parce qu'elle est indispensable non seulement pour établir une plus juste répartition de nos charges publiques, mais aussi pour augmenter l'élasticité de nos budgets et nous fournir les moyens nécessaires à l'accomplissement de ces réformes sociales qui sont aussi vivement désirées par vous, messieurs, que par nous-mêmes. Vous voterez donc la réforme de l'impôt; mais est-ce que vous vous flattez qu'elle trouvera grâce devant le Sénat? Je n'y compte pas, pour ma part.

Je conclus donc sur ce point — je vais rapidement, comme vous voyez — que si vous voulez faire aboutir quelqu'une de ces réformes anciennes ou nouvelles, si importantes et depuis si longtemps réclamées, que l'on promet toujours sans les réaliser jamais, il faut absolument que vous arriviez à triompher de la résistance d'une Assemblée qui, parce qu'elle est élue par un suffrage différent, parce qu'elle a d'autres origines, est nécessairement et fatalement imbue d'un autre esprit que le vôtre ; et que si vous ne voulez pas supprimer l'intervention du Sénat dans l'œuvre législative, il est nécessaire tout au moins que vous assuriez à la Chambre élue par le suffrage universel le dernier mot en toute matière, en matière budgétaire d'abord, mais aussi en matière ordinaire.

L'honorable M. Bourgeois avait dit tout cela. Que lui a répondu tout à l'heure M. le rapporteur de la commission d'initiative? Que nous nous heurtions aux dispositions du Sénat, que l'honorable président de cette Assemblée, dans son discours d'ouverture, et les présidents des divers groupes, dernièrement, dans des allocutions particulières avaient déclaré que, bien loin de consentir à voir diminuer leurs attributions, ils désiraient au contraire prendre une part plus importante dans l'œuvre législative.

Comment messieurs! lorsque nous soumettons ces propositions de revision à la Chambre, nous ne devrions le faire qu'après avoir consulté les convenances du Sénat? Mais, au contraire, s'il est vrai que l'intervention du Sénat soit le plus souvent un obstacle aux réformes, ce n'est pas en nous pliant à ses convenances, mais en résistant à ce que ses prétentions peuvent avoir d'excessif, que nous pourrons faire œuvre utile. Tout au moins nous faut-il arriver à ce droit de veto simplement suspensif dont nous parlait tout à l'heure M. Bourgeois.

Est-ce trop demander sous la République? M. Bourgeois vous l'a dit aussi. Il vous a rappelé ce qui vient de se passer en Angleterre; vous avez vu comment l'opinion publique vient de répondre à la résistance que la Chambre des lords oppose aux mesures libérales votées par la Chambre des communes ; là, c'est le Gouvernement lui-même qui a pris l'initiative de la révolte, de l'appel à la revision contre la Chambre haute. Ç'a été le testament politique du grand homme d'Etat qui vient de quitter le pouvoir; et comme on vous le disait tout à l'heure, ce sont vos journaux mêmes, messieurs, ceux qui représentent le mieux votre politique et vos opinions, qui conseillent aux hommes d'Etat anglais de ne pas aller plus loin et de se contenter de ce droit de veto.

Faut-il donc penser que ce qui est bon pour les Anglais n'est pas bon pour nous, et qu'il y a plus de réalité dans le *self government* sous la monarchie d'Angleterre que dans notre République de suffrage universel ? (*Applaudissements à l'extrême gauche.*)

M. Gamard. C'est bien connu! Mais il faut un monarque pour cela. (*Mouvements divers.*)

M. René Goblet. Telles sont les observations générales qui me paraissent commander la revision de la Constitution. Sur la manière dont cette revision doit être faite, sur la forme et aussi sur le fond, c'est-à-dire sur les dispositions que la revision comporte, chacun de nous peut avoir ses idées. J'ai exposé les miennes ailleurs, je n'ai pas à les reproduire ici en détail; j'en ai assez dit par les explications qui précèdent, pour qu'on puisse les connaître ; je me hâte de constater seulement qu'elles sont essentiellement différentes de celles qui vous seront développées par M. Naquet. Je dis — et je crois pouvoir parler ici au nom de tous les membres de la gauche qui ont signé ma proposition — que nous sommes invinciblement attachés, quant à nous, à la République parlementaire, à la responsabilité ministérielle; mais, et je l'ai dit également dans l'exposé des motifs de ma proposition, ce sont là des questions qui, selon nous, doivent être réservées au Congrès. Nous n'avons pas le droit de limiter son œuvre; c'est M. Dufaure, — il serait un révolutionnaire aujourd'hui, — qui le proclamait au Sénat en 1876. Il disait que limiter l'œuvre du Congrès, c'était interpréter l'article 8 de la Constitution et que le droit d'interpréter la Constitution ne pouvait appartenir qu'au Congrès lui-même.

Ces questions doivent donc être réservées au Congrès, et c'est pourquoi je vous demanderai de vous prononcer d'abord sur ma formule plus générale et, si elle était repoussée, d'examiner ensuite les propositions de revision limitée qui pourront vous être soumises.

En somme, je crois l'avoir démontré, la Constitution de 1875 est d'essence purement monarchique; elle a été un instrument forgé et inventé, non pas pour favoriser le développement de la démocraie, mais au contraire pour l'enrayer au grand profit des intérêts conservateurs, et elle y a d'ailleurs parfaitement réussi jusqu'à présent.

C'est pour cela que les républicains qui avaient fait en 1875 ce grand sacrifice, ne le pouvaient consentir qu'à titre temporaire, avec la résolution formelle de revenir sur ce qu'ils avaient consenti le jour où ils auraient obtenu la majorité. (*Très bien! très bien! sur divers bancs à gauche.*)

Cependant, on n'en a rien fait. On n'a pas plus accepté le mode de nomination du Sénat par le suffrage universel, présenté il y a plus de dix ans par M. Tolain, au nom du groupe de l'union républicaine du Sénat, que la revision de Gambetta en 1883, que la revision financière de M. Ferry en 1884, ni le projet, si modéré cependant, qui avait été présenté par le ministère Floquet en 1889.

Mais savez-vous ce qui est résulté de cet oubli des anciennes promesses? Il n'a pas eu seulement pour conséquence de rendre le fonctionnement du régime parlementaire plus difficile, et même à peu près stérile, il a eu des effets autrement graves. En même temps que nous conservions cette Constitution, toutes nos institutions administratives, financières, judiciaires, religieuses, sont restées à peu près ce qu'elles étaient sous la monarchie. Nous avons conservé la vieille centralisation (*Très bien! à l'extrême gauche*), ce legs de l'ancien régime, aggravé par l'empire, qui, si elle est l'instrument naturel des gouvernements fondés sur le principe d'autorité, doit être nécessairement aussi le premier obstacle à détruire pour tout gouvernement qui veut se fonder et vivre par la liberté. (*Très bien! très bien! sur les mêmes bancs.*)

En matière financière nous en sommes

toujours au régime des quatre contributions directes, et si j'espère que nous en changerons je ne m'attends pas à rencontrer sur ce point le concours du Gouvernement; il nous a avertis, en effet, qu'il lutterait contre la proposition de réforme qui doit vous être soumise dans quelques jours.

En matière judiciaire, espérez-vous obtenir enfin la suppression des petits tribunaux et l'extension de la compétence des justices de paix? M. le garde des sceaux vient de déposer sur ce point un projet qui n'est guère que le résumé de propositions qui traînent depuis quinze ans devant nous sans jamais aboutir à une conclusion! Quant à l'indépendance de la magistrature, croyez-vous que nous ayons gagné ou perdu de ce côté? Je craindrais d'être obligé de dire que nous avons plutôt perdu.

En matière de franchises régionales et communales, quel progrès avons-nous fait? C'est toujours du pouvoir central que dépend la solution de presque toutes les affaires, les petites comme les grandes.

Au point de vue religieux, le lien concordataire subsiste, et si nous voyons, à notre grande surprise, ceux-là mêmes qui nous recommandaient autrefois de le fortifier, de le resserrer pour mieux tenir l'Eglise en tutelle, nous proposer aujourd'hui de faire la paix avec elle et de pratiquer le Concordat dans un autre esprit, vous avouerez bien que cela n'est pas fait pour affranchir davantage la société civile.

Mais alors, je le demande, comment voulez-vous qu'avec cette manière de pratiquer la République nous soyons vraiment devenus républicains? On nous dit: « Voyez les élections. Elles sont de plus en plus républicaines. » Oui! comme elles étaient bonapartistes sous l'empire! parce qu'il n'y a plus que la République, parce qu'elle est le gouvernement du pays, que, pour les anciens partisans de la monarchie eux-mêmes la monarchie est morte.....

M. Fernand de Ramel. Pas le moins du monde! (*Exclamations.*)

Un membre à gauche. Aux élections, M. de Ramel s'est bien gardé de dire qu'il était monarchiste.

M. Fernand de Ramel. Consultez le pays; donnez-lui la liberté de se prononcer et il parlera! Vous l'avez étranglé par votre loi de 1884 modifiant la Constitution. (*Interruptions à gauche.*)

Vous n'avez pas qualité pour parler au nom du pays lorsqu'il s'agit de la revision de la Constitution. Interrogez-le directement.

M. René Goblet. Mais vous ne le consultez même pas aux élections! En tout cas, ils sont en bien petit nombre ceux qui osent le consulter alors sur la question du rétablissement de la monarchie.

Non! les élections sont des élections gouvernementales. (*Très bien! très bien! à l'extrême gauche.*)

M. le comte de Lanjuinais. Parce qu'elles sont faites par les préfets et les fonctionnaires qui terrorisent les populations. (*Exclamations à gauche et au centre.*)

M. René Goblet. Je dis que nous n'avons rien fait pour transformer les mœurs de ce pays, pour lui inculquer un esprit vraiment, profondément républicain. Bien au contraire; non seulement nous avons laissé à l'abandon presque toutes les réformes de notre programme — je relisais encore l'autre jour un passage de la *Politique radicale*, de M. Jules Simon, de 1869 : toutes les réformes que nous réclamons y sont comprises ; eh bien! il n'y en a pas une seule qui ait été accomplie! (*Très bien! à l'extrême gauche.*) Non seulement nous avons laissé ces réformes à l'abandon, mais, messieurs, — et ici je vais donner satisfaction, je crois, à l'honorable M. de Ramel, — en supprimant, sauf pendant un court intervalle, le scrutin de liste pour rétablir le scrutin de circonscription, nous avons donné la prépondérance aux intérêts particuliers sur l'intérêt général. (*Très bien! très bien! à droite.*)

M. René Gautier. Pourquoi l'avez-vous fait?

M. René Goblet. Mais je ne l'ai pas fait.

M. René Gautier. Pourquoi l'a-t-on fait?

M. Gamard. Parce qu'avec le scrutin d'arrondissement, on est bien plus maître des élections!

M. René Gautier. Est-ce que la dernière loi votée ne l'a pas été sur la proposition de M. Brisson?

M. René Goblet. Quant à la loi sur les

candidatures multiples à laquelle vous faites allusion, je l'ai traitée ici, de mon banc, de loi de panique — c'est au *Journal officiel* — et j'ai voté contre cette loi.

M. René Gautier. Mais tous vos amis l'ont votée!

M. René Goblet. Je dis que par là nous avons rendu la prépondérance aux intérêts particuliers et que, en même temps, nous avons favorisé le retour à la candidature officielle, qui altère la sincérité du suffrage et qui augmente la prédominance du pouvoir exécutif sur la représentation nationale. (*Très bien! à droite.*)

M. d'Aillières. C'est très vrai!

Un membre à droite. Oh! il ferait bien de même!

M. René Goblet. J'ai bien entendu votre interruption, monsieur, mais vous me permettrez de n'y pas répondre. (*Très bien! très bien! à l'extrême gauche.*)

Messieurs, vous me pardonnerez, ou plutôt vous me saurez gré de ne pas parler ici de tant d'autres causes de démoralisation qui font que notre état social actuel ressemble au tableau que traçait l'autre jour, dans une autre enceinte, un académicien qui est aussi un homme politique, d'une société à son déclin, « asservie, disait-il, aux convoitises vulgaires et lourdement assoupie dans une quiétude bourgeoise ». M. Challemel-Lacour appliquait ces paroles à la fin du régime de Juillet. Je les applique avec tristesse, mais dans une certaine mesure tout au moins, à cette fin de régime à laquelle nous assistons aujourd'hui. (*Applaudissements à l'extrême gauche et à droite. — Bruit.*)

Aussi, messieurs, tandis que, dans ces dernières années, depuis longtemps déjà, dans la masse électorale, le besoin de réformes sérieuses, radicales, se fait de plus en plus impérieusement sentir, qu'à toutes les élections on les réclame, que la plupart des députés les promettent et que les ministères, à leur avènement, se croient obligés eux-mêmes de s'engager, il se trouve que par un véritable malheur ces élections ne nous donnent jamais de majorités capables de les faire.

Il y a eu, c'est incontestable, aux dernières élections, un mouvement très accentué dans le sens réformateur; mais les volontés n'étaient pas sans doute assez fortes chez les électeurs, surtout chez les élus, et nous avons vu la Chambre, dès ses premiers pas, sous le coup des événements que vous savez, se détourner de sa voie et porter la main sur les libertés que les Chambres antérieures avaient tenu à honneur de garantir. (*Applaudissements à gauche. — Bruit.*)

Un membre à droite. Vous nous prenez pour des poltrons!

M. Groussier. On ne se trompe guère. (*Bruit.*)

A l'extrême gauche. Vous avez exploité la peur!

Un membre à gauche. Il y a deux sortes de courage...

M. le président. Il y a le courage de se taire.

A l'extrême gauche. Il n'est pas difficile à pratiquer, celui-là!

M. le président. Ah! vous croyez cela? Vous pourriez vous tromper. (*On rit.*)

M. René Goblet. Vous avez marqué par là vos débuts. Cela fait, il semble que la direction nous ait manqué, j'entends la conscience du but à atteindre et l'énergie pour le poursuivre. Vous attendez cette direction du ministère. Vous la donnera-t-il? Mais ce ministère est incertain lui-même, parce qu'il n'est pas sorti d'une majorité ayant arrêté d'accord avec lui son programme?

A part la résistance à l'anarchie et à la violence, pour laquelle nous sommes tous d'accord avec lui, ce ministère a-t-il un programme bien net et bien défini? Croyez-vous qu'il ait du moins constitué une majorité dans cette Chambre ? Je ne le crois pas quant à moi ; et je ne fais pas ici allusion à des incidents de séance, peu importants du reste, comme celui qui s'est produit ici l'autre jour. Mais il n'y a pas de majorité sans un programme commun. Et ce n'est pas moi qui l'affirme, c'est un des vôtres, c'est l'honorable M. Cavaignac, qui, tout récemment, s'exprimait ainsi : « On ne fait pas de majorité sur le *statu quo* et sur la résistance ; pour faire une majorité, il faut l'accord des volontés pour une œuvre commune à accomplir. »

Cette œuvre, quelle est-elle? Vous ne nous l'avez jamais indiquée et vous ne nous l'indiquerez pas encore aujourd'hui. Ce n'est pas le discours que prononçait il y a dix jours ici M. le ministre de l'instruction publique et des cultes, suivi sitôt après du discours très différent que nous avons entendu à la séance d'avant-hier (*Applaudissements à l'extrême gauche*), ce ne sont pas ces nouvelles formules et ces paroles sybillines qui pourront nous servir de mot d'ordre, nous éclairer et nous guider. (*Très bien! très bien! sur les mêmes bancs.*)

Alors, où en sommes-nous? L'honorable M. Léon Say, qui cependant professe un grand respect pour les forces naturelles, protestait dernièrement avec la plus grande énergie contre la doctrine de la fatalité dans l'histoire, que nous appelons, nous, la doctrine de l'évolution nécessaire.

« Comment, disait-il, peut-on s'imaginer qu'il y ait quelque chose de fatal dans l'histoire de l'humanité, quand on vit dans un siècle où les hommes ont eu une importance si capitale sur le développement des phénomènes politiques? »

Et il citait un ou deux exemples éclatants à l'appui de cette thèse. Soit! Je veux bien, quoique je n'envie en rien les temps auxquels M. Léon Say faisait allusion, je veux bien que, même dans un gouvernement libre, il soit nécessaire d'avoir une direction, tout au moins d'un groupe politique, d'un parti, à défaut d'un homme; mais je demande qui mène la France à cette heure et où on la mène, soit au point de vue extérieur, soit au point de vue intérieur. Je dis que personne ne le sait et que c'est une idée universellement répandue dans ce pays, que nous continuons à vivre au jour le jour, en attendant les événements. (*Applaudissements à l'extrême gauche.*)

Alors, qu'arrive-t-il ? C'est qu'une partie de l'opinion, toujours déçue dans ses espérances, se laisse aller à l'indifférence et au scepticisme, qu'elle se désintéresse de la politique, c'est-à-dire des intérêts généraux, et qu'en même temps une autre partie de la nation, chaque jour plus nombreuse, s'irrite, s'exaspère, et qu'en face de l'impuissance des pouvoirs publics — et je comprends dans les pouvoirs publics la Chambre aussi bien que le Gouvernement — nous voyons grandir sans cesse la force des revendications populaires. (*Applaudissements à l'extrême gauche.*)

Il n'est pas douteux qu'en continuant ainsi nous allons au devant de nouveaux et redoutables conflits.

Que faites-vous cependant, messieurs? Vous vous en prenez à des idées, à certaines théories que vous affectez de considérer comme dangereuses et qui cependant, à supposer qu'elles doivent jamais avoir leur jour, ne sont pas près de se réaliser dans ce pays. Je me contente, pour ma part, de ne pas y croire. Ce n'est pas là, selon moi, que réside le danger. Le danger, il est beaucoup plutôt dans cet état de mécontement qui ne date pas d'hier, qui est dû aux défaillances de la politique républicaine et qui, après s'être manifesté d'abord en 1885 par cette poussée d'élections monarchiques à laquelle nous avons assisté à cette époque, s'est traduit ensuite par le succès inattendu et heureusement passager du boulangisme.

Qu'avons-nous fait depuis pour remédier à cet état des esprits? Rappelez-vous la dernière législature. La plus grande partie en a été employée en travaux de commissions et en discussions dans les Chambres sur le tarif des douanes, discussions dont nous venons d'avoir un écho brillant dans cette session. Cela est très bien, mais cela ne suffit pas pour remplir l'âme d'un grand peuple. Je suis d'avis que ce qu'on a dit de l'homme est vrai aussi des peuples. Un peuple ne vit pas seulement de pain. (*Très bien! très bien!*) Quel autre aliment lui a-t-on donné?

M. Mirman. Le Panama!

M. René Goblet. On me dit : le Panama. Je ne veux pas parler des tristes incidents qui ont occupé la fin de la dernière législature; cependant, il n'est pas douteux qu'ils ont laissé dans les esprits une impression beaucoup plus profonde que vous n'avez l'air de le croire, impression qui est toujours prête à remonter à la surface; et quand le pays entend, comme on l'a fait l'autre jour, vanter ici le perfectionnement et le progrès moral de la société moderne, je vous assure qu'il ne laisse pas d'éprouver une certaine surprise.

Eh bien! qu'allons-nous faire maintenant? Allons-nous concentrer toute l'attention de ce pays sur ces poursuites journalières ou plutôt — ce qui est un spectacle bien plus étrange et plus fâcheux — sur ces arrestations journalières qui ne sont pas suivies de poursuites, sur ce duel affreux entre la dynamite et la guillotine (*Mouvement*), entre une secte mystérieuse qui tire on ne sait d'où des fonds pour perpétrer ses attentats aussi criminels qu'insensés, et la société réduite à se défendre inexorablement? (*Applaudissements à l'extrême gauche.*)

Ah! messieurs, je dis que cela n'est pas bon, qu'il faut une diversion à cet état des esprits, qu'il faut une forte secousse morale à l'opinion, et je prétends que la revision de la Constitution peut être cette secousse.... (*Applaudissements à l'extrême gauche. — Mouvements divers.*)

Au centre. C'est remplacer une agitation par une autre.

M. René Goblet. Je prétends que la revision de la Constitution peut être cette secousse, parce que le pays, parce que l'opinion y verraient le gage des autres réformes attendues depuis trop longtemps et que nous ne ferons jamais si nous ne commençons pas par toucher à la Constitution. (*Très bien! très bien! à l'extrême gauche.*)

Messieurs, pourquoi ne la feriez-vous pas? Pourquoi le Gouvernement repousserait-il notre proposition?

A d'autres époques, on a paru craindre que la revision remît en question la République elle-même. Vous n'avez plus cette crainte puisqu'il est convenu aujourd'hui — cela n'est pas douteux — que, sinon dans le fond, du moins dans la forme, la République n'est plus contestée, et qu'au Sénat comme à la Chambre, après le récent renouvellement et après les dernières élections générales, il n'y a plus pour ainsi dire que des républicains. Vous ne pouvez pas craindre que la République elle-même coure quelque risque. (*Très bien! très bien!*)

Craignez-vous d'agiter le pays, comme je l'ai entendu dire tout à l'heure par voie d'interruption? Jamais le pays n'a été aussi calme! (*Applaudissements et rires au centre.*)

M. Modeste Leroy. Vous avez dit le contraire tout à l'heure!

M. René Goblet. Préférez-vous donc faire la revision dans des temps agités? Ce serait, il me semble, s'inspirer d'un esprit révolutionnaire que je ne partage pas. J'aime mieux faire la revision à loisir, de propos délibéré, dans des temps tranquilles. Le pays est parfaitement calme, et ce serait à nos yeux un grand bienfait que d'y réveiller un peu de vie politique. (*Interruptions.*)

Ce n'est pas la situation extérieure qui vous inquiète? Je ne le crois pas; sinon, vous savez bien qu'il suffirait d'un mot de vous, — pas même un mot, un signe, — pour qu'immédiatement toute autre préoccupation fût effacée et que nous ajournions à d'autres temps les questions qui nous divisent.

Alors, quelles sont donc vos raisons? Quel obstacle pourrez-vous nous opposer? Il faut donc que vous en arriviez à dire que si vous repoussez la revision de la Constitution c'est parce que vous la jugez réellement inutile, et que, quoi qu'en aient pensé les républicains qui ont voté la Constitution de 1875 et quoi qu'en pensent ceux qui depuis cette époque n'ont pas cessé de réclamer la revision et qui la réclament aujourd'hui encore, vous considérez cette Constitution comme la meilleure qu'on puisse donner à notre République.

Si tel est le sentiment du Gouvernement et de la majorité de cette Chambre, je crains qu'ils ne se trompent gravement; toutes les majorités ont eu de ces aveuglements. Dans tous les cas, nous avions le devoir, nous qui étions républicains sous l'empire, qui nous étions fait une autre conception de la République et n'avions pas pensé que nous la calquerions sur l'orléanisme, nous qui n'avons pas cessé de vouloir réformer la Constitution dans le sens convenu à l'époque où nous la votions... (*Applaudissements à l'extrême gauche*), et aussi les jeunes, ceux qui, fidèles à la tradition, porteront après nous le drapeau de la République, nous avions le devoir de faire cette tentative. Il en sera ce que vous voudrez, messieurs.

Un seul mot pour finir. Vous n'empêcherez pas toujours-la revision de se faire. La démocratie ne supportera pas toujours cet obstacle, cette contradiction manifeste entre ses aspirations, ses besoins et son gouvernement; elle la fera. Prenez garde de ne pas retrouver une heure aussi favorable pour que cette revision, que vous ne pouvez pas éviter, se fasse avec mesure et pacifiquement! (*Vifs applaudissements à l'extrême gauche. — L'orateur, en retournant à son banc, reçoit des félicitations.*)

Paris. — Imp. des *Journaux officiels*, 31, quai Voltaire.

www.ingramcontent.com/pod-product-compliance
Ingram Content Group UK Ltd.
Pitfield, Milton Keynes, MK11 3LW, UK
UKHW020407220726
13923UKWH00004B/1788